C

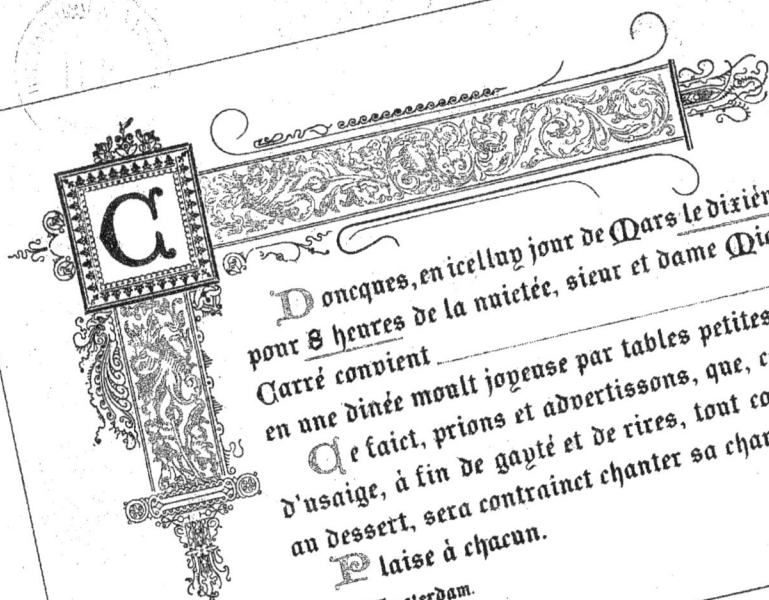

Doncques, en icelluy jour de Mars le dixième,
pour 8 heures de la nuictée, sieur et dame Michel
Carré convient
en une dinée moult joyeuse par tables petites.
Ce faict, prions et advertissons, que, comme
d'usaige, à fin de gayté et de rires, tout convive,
au dessert, sera contrainct chanter sa chanson.
Plaise à chacun.

R. S. V. P., 83, rue d'Amsterdam.

SOUVENIR DU DINER

DU 10 MARS 1898

83, rue d'Amsterdam.

LE MENU CHANTÉ

I

LE POTAGE

AIR : *Rondeau ancien.*

Mangez cett' soup' sans ironie,
Collez vos serviett's sur vos g'noux
On vous r'çoit sans cérémonie,
Ça s' pass' tout à fait entre nous.

Chose cordiale, mais étrange,
Remarquez qu'y n'y a pas d' menus,
Jusqu'au moment où qu'on les mange
Les plats resteront inconnus.

Not' repas a l' grand avantage,
Et nul ne s'en serait douté,
De commencer par un potage,
Par un potage velouté.

Faire un v'louté n'est pas facile,
L' résultat en est hasardeux ;
Souvent le bouillon indocile
Ne s' mêl' pas avec la crèm' d'œufs !

Nous n'en dirons pas davantage,
Mais nous prév'nons chaque invité
Qu'il n'a jamais mangé d' potage
Comm' ce potage velouté !

II

LES TRUITES

AIR : *Ce sont les blondes.*

Tout passe, et le doux potage
Comme tout' chose a passé !
V'là mon avis, je l' partage,
L' cuisinier s'est surpassé.
Il continuera, j'espère,
Il a l' génie d' la cuisson,
Vatel pourrait êtr' son père.
C' qu'il nous a fait comm' poisson...
  Ce sont des truites
  Fort bien soignées,
  Juste à point cuites
  Et saumonées.
  Telle est la suite

De ce repas

Que peut-être vous ne digér'rez pas !

Ah !

Ce sont des truites, etc.

Comm' plat exquis,

Lequel qui

Lutt'rait avec des truites !

———————

LE FILET

AIR : *Ce sont des salons où l'on cause.*

Maint'nant v'la l' filet Macédoine
    Macédoine ! (*Bis.*)
Comm' le roi d' Grec' tout dernièr'ment
Fut frôlé par un' ball' qui man-
Qua d' lui perforer l' péritoine,
Vous mang'rez du filet Macédoine !

Pour la sauce, elle est à la graisse !
    A la graisse ! (*Bis.*)
Le roi George est notr' seul souci,
Et, duss'nt les Turcs qui sont ici
N'en point ressentir d'allégresse,
Nous mang'rons un' sauce à la graisse !

IV

LES CHAPONS

AIR · *Trois petits garçons.*

Il était six petits chapons,
Genr' de volaill' qui jamais n' pond !

Vivaient tous six dans un' bass' cour,
Faisant aux poul's de vaines cours !
Souvent, pour se désembêter,
Ils écoutaient les coqs chanter !

Il était, etc.

Un jour parut un homm' sanglant,
Les mit dans son tablier blanc !
Les soupesa, puis tout à coup
Leur tordit lentement le cou !

Il était, etc.

Déplumés, rissolés, roussis,
Ils arrivèrent jusqu'ici ;
On va les servir sur un plat.
Leur histoire s'arrête là !

Il était six petits chapons
Genr' de volaill' qui jamais n' pond !

———————————

V

LE FOIE GRAS

AIR : *Des hommes d'armes*.

Duetto.

L'AMPHITRYON.

« Terminer là l' dîner s'rait muffe,
« Et d'un foie gras aux truff's je m' fends.

L'INVITÉ.

« Mon cher, ça f'ra beaucoup trop d' truffes,
« Puis l' foie ça s' donne aux p'tits enfants.

L'AMPHITRYON.

« Alors quoi ! comprends ma détresse,
« Du m'lon ça n'est pas la saison.

ENSEMBLE.

« Ah! qu'il est dur d'être maîtresse,
« D'être maîtresse de maison.

L'AMPHITRYON.

« Aurais-tu préféré de l'oie?
« Veux-tu d' la hure ou du jambon?

L'INVITÉ.

« Allons! amèn' tout d' mêm' ton foie,
« Seul'ment tâch' moyen qu'il soit bon.
« Sans ça d'main matin dans la presse
« On t'appell'ra l'Homme-Poison.

ENSEMBLE.

« Ah! que c'est grav' d'être maîtresse,
« D'être maîtresse de maison. »

VI

LA SALADE

AIR : *Colinette au bois.*

Duetto.

La salad' qui trouble, la salad' qui piqu'
Mesdames et messieurs, complét'ra l'aspic.
Tra la la la...
Très poivrée, sa réputation
Est d' changer l'amour en passion.
Traladeridera !

Les homm's s'ront dans un tel état
Qu' leurs femm's leur diront : « Qu'est-c' que t' as ? »
Tu dois être malade !
C'est l' vinaigre et c'est le piment d' la salade. (*Bis.*)
Y a pas d' mal à ça !

VII

VALSE DES EAUX

AIR : *Valse du Papa de Francine.*

J'allais chanter le Bourgogne,
Mais Carré m'a dit : Salaud ! (*Bis.*)
Il n'est plus de rouge trogne;
Paris ne boit que de l'eau ! (*Bis.*)
Les Chambertins et les Graves,
Les vins rouges, les vins blonds
Vieilliss'nt poudreux dans les caves,
Et c'est l'eau que nous sablons !

ENSEMBLE ET CHŒUR.

Vittel, Contrexéville et Pougues !
Apollinaris, Évian, Saint-Galmier, v'là not' vals',
Chantons et sablons avec fougue
Chantilly, eau d' Seltz, Vichy, Célestins, Vals.

Sautons sur les tables
Ou roulons dessous !
Tout's ces eaux potables
Vont nous rendre soûls.
Chablis, Corton, Pontet-Canet, Vouvray et Musigny
Fini !

VIII

LA GLACE

AIR : *Loin du bal.*

GEORGES BERR.

J'avais préparé de p'tits vers pour célébrer la glac', mais
J'avoue que j'crèv' de froid rien qu'en parlant de cet entremets.
      Je ne suis pas comm' Nansène
      Je trouv' la glace malsaine...
La glace, vois-tu... brrr... brrr... brrr... brrr... je n'pourrai jamais !

MICHEL CARRÉ.

      Vas-y coût' que coûte,
   Dis-toi que tout l' mond' t'écoute !
       N' reste pas coi,
        Réchauffe-toi,
  Tu finiras par nous jeter un froid !

GEORGES BERR.

Mon Dieu, j' demand' pas mieux d' fair' plaisir à tes invités, mais
Tu vois dans quel état l'idée d'chanter cet entremets m' met.
Je n' l'ai jamais supportée
Que lorsqu'elle est biseautée.
La glace, vois-tu... brrr... brrr... brrr... brrr... je n'pourrai jamais !

IX

LE FROMAGE

AIR : *Pioupiou d'Auvergne.*

Maint'nant la parole,
N'en déplaise à Berr,
Est au vieux Marolle
Comme au Camembert!
Le fromage passe,
Pas besoin d' vous l'ver.
N' quittez pas votr' place,
Y vient vous trouver!

AU REFRAIN.

A bas donc les lâches
A qui ça déplaît,
Et chantons les vaches
Qui font du bon lait!

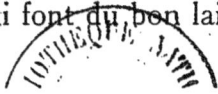

3

Oui, qu'on me conspue,
Mercklein le premier,
J'aime ce qui pue.
Viv' le Coulommier!

ENSEMBLE.

Ah! mes amis, qu'il eût été dommage,
Nous trouvant en si bonn' société,
De n' pas chanter la marche du fromage!
Ça nous a paru, ce soir, de tout' nécessité!

COUPLETS

DES CONVIVES

X

VIEILLE CHANSON

CHANTÉE PAR MADAME MICHEL CARRÉ.

Disparaissez, on vous l'ordonne,
Rôtis, bouillis, plats d'entremets !
Ici, Bacchus, Flore et Pomone,
Vont apporter de plus doux mets.

Qu'on rie, qu'on babille,
Que le cœur soit ouvert,
Que la gaîté brille
Au moment du dessert !

Voyez, quand un repas commence,
Souvent on ne se connaît pas.
Mais bientôt on fait connaissance,
Et, quand vient la fin du repas,

On rit, on babille,
Et le cœur est ouvert,
la gaîté brille
Au moment du dessert!

C'est du champagne qu'on apporte.
Verse tout plein, verse, échanson!
Et pour que la gaîté l'emporte
Chacun va dire sa chanson.

On rit, on babille, etc.

XI

COUPLET DE MADAME HENRI MOREAU

AIR DE : *l'Associé*.

Philippe et son ami Michel
Sont tous deux auteurs pleins de « chel » ;
Ils ont de l'esprit d'abondance.
Sur le théâtre Dufrénoy,
Avec des artistes de choix,
Leur succès fut vraiment immense !

Non contents d'être fins auteurs
Ils sont aussi parfaits acteurs.
En a-t-on ri au trottin veule !
Et pour Michel, quand il « ch'y » met,
C'est un Rigo qui tant promet
Que tout's a-z'en d'mandent, a-z'en veule'.

Bref! ma charad', cette année-ci,
A grâce à eux tant réussi;
Ils sont si gentils l'un et l'autre
Qu'avec votre aid', Madam' Machin,
Je compte bien que l'an prochain
Mes auteurs m'en feront une autre.

XII

COUPLETS

DE Mlle MARGUERITE DEVAL.

Moi, Messieurs, j' n'ai rien composé,
J' suis chanteuse et pas chansonnière ;
Comme auteur j'ai jamais posé,
Moi, je chante à la Bodinière.
Las ! mes dons ne sont pas complets,
Mais dir' des vers d'autrui, je l'ose !
Mêm' quand y a rien dans les couplets
Je tâch' d'y mettre quelque chose.

J' pourrais vous dire évidemment,
Sans qu'on suppose que je mente,
Que notre repas fut charmant,
Que cette soirée est charmante.

4

J' dirais bien qu'on n' s'est pas rasé,
Qu'ici l'on n' fait jamais d' manières;
Mais, Messieurs, j' n'ai rien composé.
J' suis chanteuse et pas chansonnière.

J' pourrais dir' que les invités
Sont tous gens d'humeur peu sévères.
J' pourrais encore à leurs santés
Proposer de choquer nos verres.
Je pourrais même proposer
Qu' cett' soirée n' soit pas la dernière;
Mais, Messieurs, j' n'ai rien composé,
J' suis chanteuse et pas chansonnière.

XIII

COUPLETS

CHANTÉS PAR Mlle RACHEL BOYER.

AIR : *Heureus' comm' ça.*

Y a pas besoin d'êtr' Béranger
   Pour faire un' chansonnette.
On peut, un matin, sans danger,
   Se réveiller poète!
Rien n'est plus facil' que cela,
   Et ces couplets d' facture,
L'auteur, sur papier d' chocolat,
Les a rimés dans sa voiture.

    Un poèt' comm' ça
      Ça m' va!
    Ça n'est pas ordinaire.

Oui, voilà,
Moi, ça m' va !
Écoutez-moi donc ça !

Y en a qu' aim'nt la grande Opéra,
Ous qu'on joue d' la musique !
Y en a qu' aim'nt la Grande Sarah
Et ses pos's hiératiques,
Moi j'aime le Théâtr' Français,
Cathrin', la *Croix d' ma mère !*
Auteurs, acteurs, ont du succès
Dans la maison d' Molière !

Un théâtr' comm' ça
Ça m' va !
J'en fais mon ordinaire.
Oui, voilà,
Moi ça m' va,
Et j' suis heureus' comm' ça !

Y en a qu' aim'nt les petits bouibouis
Installés sur des planches,
Et dont les plac's val'nt pas cinq louis
Bien qu' tout près d' la Rein' Blanche !

C' que j'aim' c'est l' Tréteau d' Tabarin,
  Deval, ses chansonnettes,
C'est coquet, parisien, câlin,
  C'est la rein' des Fauvettes !

  Des bouisbouis comm' ça
   Ça m' va ! etc.

Y en a qui voudraient voir Coqu'lin,
  Sublim' de sacrifice,
Fair' qu'à la Porte-Saint-Martin
  Toujours l' Pactol' grossisse !
Moi, j'aime bien aussi Granier
  Se roulant en chemise
Et saccageant ses oreillers.
  J'crains pas qu'on m' scandalise !

  Des p'tit's pièc's comm' ça
   Ça m' va ! etc.

Y en a qui n' boug'nt jamais d' Paris,
  Qui redout'nt les voyages.
Y m' font l'effet de canaris
  Enfermés dans leurs cages !

Ce que j'aim', c'est la Côt' d'Azur,
La Méditerranée...
Le sleeping-car est si peu dur,
Pour partir en tournée !

Un pays comm' ça, etc.

Enfin j'veux finir ma chanson,
Vous dir' l'auteur que j'aime.
Amis, c'est notre amphitryon,
Michel, d' son nom d' baptême !
Mais c'est à vous, madam' Carré,
Que j'adress' mon hommage.
Par votr' grâc' toujours vous aurez,
Le bonheur en partage.

Un ménag' comm' ça
Ça m' va !
J'en fais mon ordinaire !
Oui, voilà,
Moi, ça m' va !
Et j' suis heureus' comm' ça !

XIV

COUPLETS DE M. G.-A. GODILLOT

Aucun n'aurait voulu manquer
D'assister à la fête;
On était sûr de s'amuser.
Mais ce qui est plus chouette :
Les maîtres de cette maison,

La faridondaine, la faridondon
Sont les hôtes les plus gentils
De Paris.
A la façon de Barbari,
Mon ami.

Michel est un fameux auteur,
Il fit l'*Enfant prodigue,*
Numance,... j'oublie les meilleurs.

Mais surtout c'est un zigue
Pour ses amis plein d'affection.

La faridondaine, c'est un bon garçon,
De plus c'est un luron, au lit ;
Berthe dit.
A la façon de Barbari
Biribi.

Quant à Berthe, c'est un bijou.
Tout mortel qui l'approche
Tombe épris, en deviendrait fou ;
Mais la Vénus de poche
Le remet vite à la raison,

La faridondaine, de belle façon :
Elle est folle de son mari,
Sapristi !
A la façon de Barbari,
Mon ami.

Pour fêter ce couple charmant
Je veux vider mon verre :
Qu'ils jouiss'nt de tout l'agrément
Qu'on peut goûter sur terre.
A tous les deux nous souhaitons

La faridondaine, la faridondon,
Joie et bonheur en leur logis
Plein d'amis.
A la façon de Barbari
Biribi.

XV

COUPLETS DE M. PHILIPPE MAQUET

CARRÉ MICHEL.

AIR DE : *Cadet Rousselle.*

Carré Michel a trois maisons (*bis*),
L'une à Paris, l'autre à Clermont (*bis*).
La troisièm' est tout près d' Sall'nelles,
Il y va-t-avec l'hirondelle.
Ah ! ah ! ah ! mais, vraiment,
Carré Michel est bon enfant.

Carré Michel a trois chevaux (*bis*),
L'un a la peau, l'autre a les os (*bis*).
L'dernier, c'est l' bidet d' sa toilette,
Il n' mont' pas souvent c'te pauv' bête.

Ah! ah! ah! mais, vraiment,
Carré Michel est bon enfant.

Carré Michel a trois amis (*bis*),
Qui sont cocus, étant maris (*bis*).
Et pourtant leurs femm's sont fidèles :
Leurs goss's ressembl'nt tous à Michel-le.
Ah! ah! ah! mais, vraiment,
Carré Michel est bon enfant.

Carré Michel a trois gros chiens (*bis*),
L'un va pas mal, l'autr' va très bien (*bis*).
Le troisièm' va crever, peut-être,
D'avoir léché les pieds d' son maître.
Ah! ah! ah! mais, vraiment,
Carré Michel est bon enfant.

Carré Michel est très sérieux (*bis*),
Il amass' pour quand il s'ra vieux (*bis*).
Mais la preuv' que c'est un bon zigue,
C'est qu'il trouv' bien l'*Enfant prodigue*.
Ah! ah! ah! mais, vraiment,
Carré Michel est bon enfant.

Carré Michel va m'en vouloir (*bis*)
De cett' manièr' de l' fair valoir (*bis*).

Bien sûr, je n' pass'rai plus son seuil-le !
. Mais, comm' j'ai dîné, j' m'en bats l'œil-le.
Et puis, c'est là vraiment
Qu'on verra s'il est bon enfant !!!

COUPLETS DE M. RAOUL LEFEVRE

AIR : *C'est la fille à ma tante.*

Il faut donc que je chante!
Ça ne me tente pas.
Ah! ah!
Ma voix n'est pas brillante :
J'ai repris du foie gras.
Ah! ah!
Profitant de l'ivresse
Où leur clicquot m'a mis,
Aux Carré, nos amis! (*bis*),
Je bois plein d'allégresse!
Ah! ah!

Mais ils font leur bagage,
Ils quittent ce local.

Ah! ah!
Ils emportent un gage,
Et ce n'est pas banal :
Ah! ah!
Ils trouveront fidèle,
En leur nouveau logis,
Notre amitié modèle,
Au fond de leurs colis (*bis*).
Ah! ah!

Pour vous payer ma dette
J'ai chanté ma chanson.
Ah! ah!
Or, ma joie est complète :
Je le dis sans façon.
Ah! ah!
Après ce court poème,
En me voyant finir,
Au public, à moi-même,
Ça fait toujours plaisir (*bis*).
Ah! ah!

XVII

COUPLET DE M. DE CLERMONT

LE VOYAGEUR GALANT.

J'ai voyagé pour la photographie,
　　J'ai voyagé pour le Congo,
J'ai voyagé pour la cordonnerie,
　　J'ai voyagé pour l'Indigo,
　　J'ai voyagé dans bien des choses,
Mais, croyez-moi, sexe aimable et chéri,
S'il me fallait voyager dans des roses, } *Bis.*
　　Je ne sortirais pas d'ici!

XVIII

COUPLETS DE M. L. PINAUD

Que j'aime à voir autour de cette table,
    Des homm's de lettr's et des artistes,
    Des enterperneurs de puffismes,
    Que c'est comme un bouquet de fleurs.

EN CHŒUR :

    Que c'est comme un bouquet de fleurs.

Petit Michel, dans le sein de ta mère
Tu connaissais déjà la renommée,
Car les succès remportés par ton père
A ta dign' mèr' revenaient par moitié

Que j'aime à voir, etc., etc.

Ne cherchons pas dedans la nourriture,
Le vain plaisir du boire et du manger,

Que ce repas donné pour la pâture
Soit la pâtur' donnée à l'amitié.

Que j'aime à voir, etc., etc.

EN CHŒUR :

Que c'est comme un bouquet de fleurs.

XIX

COUPLETS DE M. ASCOLI

AIR : *De saint Joseph un jour c'était la fête.*

Ami Carré, pour terminer la fête,
Tu dis qu' chacun, à son tour, doit chanter :
Moi, je n' veux pas qu'on se paye ma tête,
On souffrirait par trop à m'écouter.
Bon pour Michel et bon pour mon neveu
Ils pond'nt des not's comme une poul' des œufs.

Chantez, mes amis, si telle est votre envie,
Chantez bien ou mal, mais moi, je n' chanterai pas.　}　*Bis.*

A la rigueur, je croqu'rais vot' binette,
R'semblance garantie, sur un marron sculpté.
J' saurais aussi jouer ... d' la castagnette
Ou du ... triang', mais je n' sais pas chanter.

J' sais ben qu'il n' faut, pour ne pas rester coi,
Qu' beaucoup d' toupet, avec un peu de voix !

Mais vocaliser, oh ! ça, jamais d' la vie, } *Bis.*
Vous pouvez chanter, moi, je n' chant'rai pas. }

Hier, j'ai voulu essayer mon organe,
D'vant une statu', seul en mon atelier :
Ben v'là ce marbre aussitôt qui ricane,
Même la Vénus s' tordait d' m'entend' chanter !
Elle s'est tordue si fort, si longtemps
Qu'elle en est restée bossue depuis c' temps !

N'insistez donc pas, car jamais de ma vie } *Bis.*
Je n' pourrai chanter ... aussi je n' chant'rai pas. }

XX

COUPLETS DE M. GALLIER

AIR : *Chanson de Fortunio.*

Ne croyez pas que je vais dire
Une chanson,
Qui vous fera pleurer ou rire
A l'unisson.

Je peux vous chanter une ronde,
Si vous voulez,
Mais dans la rengaine je tombe;
Vous protestez!

Vraiment, je ne sais comment faire
Pour m'en tirer,
C'est trop commode de se taire;
On doit chanter!

Au fait, en vous disant mes affres,
J'ai roucoulé !
Souffrez que maintenant je baffre
En liberté.

Mais avant de m'asseoir je crie,
A plein gosier :
Hourra ! pour l'ami et l'amie :
Michel Carré !

XXI

COUPLETS DE M. GASTON MENIER

AIR : *Galant avec les dames.*

En recevant votre carton, madame,
Me conviant à ce charmant dîner,
J'eus fort le trac en songeant à mes gammes
Depuis longtemps que j'ai laissé rouiller.
Mais puisqu'il faut observer la consigne,
N' m'en voulez pas si je suis trop coco.
Vous entendrez peut-êtr' le chant du cygne;
Sur'ment des couacs, mais plus d'cocorico (*bis*).

Mais, après tout, pourquoi chanter moi-même
Lorsqu'un moyen de notre amphitryon
Peut m' l'éviter en changeant de système?
Plus d'enrou'ment, plus de mauvais' diction,

Car j'aperçois l' pèr' de l'*Enfant prodigue*.
Au lieu d'chanter je vais pantomimer
Pour essayer, c'est cela que je brigue,
De le fléchir et de le désarmer (*bis*).

(*Parlé*.)   Troisième couplet.

. . . .

. . . . (*Mimé*.) . . . . . .

. . . .

. . . .

. . . .

. . . .

. . . .

Crions en chœur : Viv' les Michel Carré (*bis*).

XXII

QUATRAIN DE M. LOUIS ARTUS

Dame Berthe passait, mignonne, au champ des roses!...

. . . .

Un rosier se dressait par le vent balancé...
Et ses fleurs exultaient de leurs splendeurs écloses...

. . . .

Les roses se sont tu lorsque Berthe a passé!

www.ingramcontent.com/pod-product-compliance
Lightning Source LLC
LaVergne TN
LVHW022203080426
835511LV00008B/1547